AF295959

ÉLOGE

HISTORIQUE

DE PHILIPPE,

DUC D'ORLÉANS.

LOTTIN le jeune,
MORIN, Imp.
BELIN, } Libraires , rue Saint-Jacques.

CAILLEAU,
DEMONVILLE, } Libraires-Imprimeurs, rue Saint-Severin.

MÉRIGOT le jeune, } Libraire , quai des Auguſtins.

ÉLOGE

HISTORIQUE

DE PHILIPPE,

DUC D'ORLÉANS,

RÉGENT DU ROYAUME.

A AMSTERDAM,

Et se trouve à PARIS,

CHEZ LES LIBRAIRES ASSOCIÉS.

———

M. DCC. LXXVIII.

AVERTISSEMENT.

On verra aisément, au ton de cet Éloge, qu'il n'a point été composé pour le Concours au Prix que M. l'Abbé Talbert vient de remporter à l'Académie de Villefranche. Ce petit Ouvrage fut fait en 1770, pour un Recueil de Notices historiques sur les Grands Hommes de France : Recueil que le Public paroissoit goûter, mais qui n'a pu être continué. Feu M. Fontaine de Bellille, Secrétaire des Commandemens de Monseigneur LE DUC D'ORLÉANS, fut prié, dans le temps, par le Censeur, de jetter les yeux sur cette Histoire abrégée de la Vie du RÉGENT. Il y fit quelques corrections, indiqua une ou deux Anecdotes qui avoient été oubliées, & fit savoir à l'Auteur que S. A. S. ne pouvoit être que satisfaite de la manière dont les grandes qualités de PHILIPPE

A 3

étoient expofées. Cette approbation fi pré-
cieufe a été pour l'Auteur un motif de
revoir cet Eloge avec le plus grand foin ;
les additions nombreufes qu'il y a faites
en forment aujourd'hui un Ouvrage entièrement neuf.

ÉLOGE
HISTORIQUE
DE PHILIPPE,
DUC D'ORLÉANS,
RÉGENT DU ROYAUME.

PHILIPPE II, Duc d'Orléans, petit-
fils de France, naquit à S. Cloud, le 2
Août 1674, de Monsieur, frère unique
du Roi, & de Charlotte-Elisabeth de
Bavière, sa seconde femme. Cette Princesse étoit fille de l'Electeur Palatin,
pour qui l'on avoit créé un huitième
Electorat par le Traité de Westphalie ;
& ce fut elle qui donna lieu, au moins
en partie, à la guerre de 1688, par ses

droits fur la fucceſſion de fon frère, dernier Electeur Palatin de la branche de Simmern ; droits qui ne furent réglés qu'en 1702, par le Tribunal de la Rote.

PHILIPPE fut le fecond fruit du mariage de Monfieur avec la Princeſſe Palatine, & porta jufqu'à la mort de Monfieur le titre de Duc de Chartres. Le Duc de Valois, fon frère aîné, mourut fort jeune.

Si les premières années ne décident pas toujours du refte de la vie des hommes, elles font fouvent remarquables, fur-tout dans les Princes. PHILIPPE annonça dès l'enfance un génie avide de toutes les connoiſſances. « Madame de » Maintenon fe réjouiſſoit, dit Madame » de Caylus, de ce qu'on verroit paroître » en lui un Prince plein de mérite, & » capable de faire goûter à la Cour la » vertu & l'efprit ». On lui donna pour Gouverneur, en 1683, le Maréchal de Navailles, qui mourut la même année, & qui fut remplacé par le Maréchal d'Eſtrades, Négociateur célèbre, que la mort lui enleva auſſi en 1686 : ce qui

fit dire à Benferade, que Monfieur
ne pouvoit pas élever de Gouverneurs
à fon fils. Le mot auroit été encore
meilleur, après la mort du Duc de la
Vieuville, qui fuccéda, dans cet emploi au Comte d'Eftrades, & qui ne vé-
cut guère plus long-temps que les deux
autres. PHILIPPE eut en 1669 un
quatrième Gouverneur dans la perfonne
du Comte d'Arcy, Confeiller d'Etat
d'Epée, qui obtint la même année le
Cordon bleu.

Cette multiplicité de Gouverneurs
fut un malheur pour le jeune DUC DE
CHARTRES : mais il en éprouva un
autre encore plus grand, celui d'avoir
pour Précepteur le fameux Abbé Dubois,
l'un de ces hommes dont il eft permis de
rechercher l'origine, pour montrer ce
que peut la foupleffe, même avec un
efprit affez ordinaire. Perfonne n'ignore
qu'il étoit fils d'un Bourgeois de Brive-
la-Gaillarde, & qu'il eft mort Abbé de fix
Abbayes confidérables, Archevêque Duc
de Cambray, Cardinal, ancien Ambaffadeur du Roi, Surintendant général des

Poftes , & premier Miniftre d'Etat :
fortune inouie qu'il dut à fes complai-
fances pour fon Elève , & à l'afcendant
que fes intrigues lui avoient donné. Il fut
d'abord Lecteur de Monfieur , qui , re-
marquant en lui de l'efprit & des con-
noiffances , le plaça bientôt auprès du
jeune Duc fon fils.

Philippe, à peine âgé de feize ans ,
fit la campagne de Flandres fous le Maréchal de Luxembourg. A la journée
de Steinkerque, en 1692, il commandoit le corps de réferve ; & le Général
craignant pour la jeuneffe de Philippe,
lui refufa d'abord la permiffion de fe
trouver à l'action. Le Prince avoit paru
céder : bientôt n'écoutant que fon cou-
rage , il fit parler fon Gouverneur , &
obtint la faveur qu'il defiroït. Ce que le
Maréchal craignoit arriva ; Philippe
fut bleffé : mais on le vit revenir au
combat , après un léger panfement (1).
L'action finie , il demanda qu'on plaçât

---

(1) Le Père Commire, qui fit dans le temps une Ode
latine fur la victoire de Steinkerque , parle ainfi du danger

fur les charriots les bleſſés des deux
partis. *Après le combat,* dit-il, *il n'y a
plus d'ennemis ſur le champ de bataille.*
Paroles mémorables, & dignes d'un
Prince qui deſcendoit de Henri IV.
L'année ſuivante, il fit, près de Ner-
winde, de nouveaux prodiges de valeur. Après avoir chargé trois fois à la
tête d'un eſcadron, il ſe trouva dans un
terrein creux, environné d'hommes &
de chevaux tués ou bleſſés. Une troupe
d'ennemis lui crioit de ſe rendre. Déja
on l'avoit ſaiſi : Philippe ſe défendit
ſeul, bleſſa l'Officier qui le tenoit, &
parvint à ſe dégager.

La paix de Riſwick, faite en 1697,
parut avoir changé ſes inclinations. Le

---

que le Duc de Chartres courut à cette action.

Quàm penè ah ! lacrymabili
Cornutem exitio ! glans dedit impia,
Anglos dùm premit acriùs,
Nudoque enſe ferit terga fugacium.
Dii-earo capiti manum
Prætendere boni, ſtrictaque vulnere
Circùm colla levi cutis
Virtutis memorem vix retinet notam.

Guerrier, devenu Homme de Lettres, porta tout-à-coup dans l'étude des Sciences la même ardeur qui l'avoit entraîné au combat. Sauveur & l'Abbé Couture, tous deux Professeurs au Collége Royal, furent appellés auprès de PHILIPPE; le premier, pour lui enseigner les Mathématiques; l'autre, pour travailler avec lui sur les principes de l'Eloquence. Dans le même temps, il parcouroit encore le cercle des autres connoissances. Claude de l'Isle lui enseignoit l'Histoire & la Géographie; Coypel, le Dessin; Charpentier, la Composition musicale : mais PHILIPPE s'appliqua sur-tout à la Chymie, dont les mystères irritoient sa curiosité.

L'Abbé Dubois lui avoit donné pour guide, dans cette partie, le fameux Homberg, de l'Académie des Sciences. PHILIPPE, devenu Duc d'Orléans en 1701, après la mort de Monsieur, prit Homberg auprès de lui dès l'année suivante, se l'attacha par une pension, & lui donna l'un des laboratoires les mieux fournis & les plus superbes que la Chymie ait jamais eus. Le Prince s'y rendoit presque tous les jours pour recevoir les instructions de son Chymiste ; il entroit avec lui dans tout le détail des opérations, les exécutoit lui-même, en imaginoit de nouvelles. *On ne le connoît pas, disoit Homberg, c'est un rude travailleur.* Ils firent ensemble, avec la grande lentille de Tschirnauss, qui est aujourd'hui dans le Cabinet de l'Académie, plusieurs expériences sur la vitrification de l'or : expériences fameuses, dont on conteste aujourd'hui quelques résultats ; mais qui prouvent du moins l'ardeur & les talens de PHILIPPE pour cette Science. C'est encore à ces travaux réunis de Homberg & du DUC D'ORLÉANS, que les Amateurs des pierres gravées doivent une manière de les imiter plus expéditive & plus parfaite que celle dont on se servoit en Italie.

V. Mariette, Traité des Pierres gravées, p. 93.

Cependant la guerre s'étoit rallumée ; l'Archiduc Charles, depuis Empereur sous le nom de Charles VI, disputoit le Trône d'Espagne au Duc d'Anjou, petit-fils de Louis XIV.

Personne n'ignore les revers que la

France éprouva d'abord dans cette guerre, qui étoit pourtant auffi jufte qu'une guerre puiffe, l'être. PHILIPPE, malgré fon ardeur pour les armes, fut long-temps fimple fpectateur de cette fanglante querelle. Tranquille dans fon Palais, comme s'il n'eût pas été queftion du fort d'un Royaume fur lequel il avoit lui-même des droits, il continuôit de vivre au milieu des Savans & des Artiftes, lorfqu'enfin Louis XIV l'envoya, en 1706, commander dans le Piémont.

Le Duc de Vendôme, qu'il remplaçoit, avoit laiffé un libre paffage au Prince Eugène, Général des Impériaux. Tout ce que PHILIPPE put faire, après cette faute d'un grand Homme, ce fut de joindre le Duc de la Feuillade, qui avoit ouvert la tranchée devant Turin. Eugène fuivoit de près pour faire lever le fiége de cette Ville. On propofa deux avis : le premier, donné par le DUC D'ORLÉANS, & adopté par le plus grand nombre des Lieutenans-Généraux, fut de marcher droit à l'ennemi ; l'autre avis étoit de l'attendre dans les lignes. Malheureufement pour la

France, les journées de Höchstet & de
Ramillies avoient intimidé le Conseil de
Louis XIV. Le Maréchal de Marsin, qui
seul devoit faire la loi en cas d'action,
avoit ordre de ne point hasarder de bataille. L'ennemi arriva. Le Duc d'Orléans, frappé de deux coups de feu, fut
forcé à la retraite : le Maréchal perdit la
vie ; & un ordre donné dans Versailles,
par Chamillard, causa la déroute de soi-
xante mille hommes, & fit perdre à la
France, en moins de quatre heures, le
Modénois, le Milanès, le Piémont & le
Royaume de Naples. Le Roi de Prusse
remarque dans ses Mémoires de Brande-
bourg, que les François auroient été,
dans cette journée, du double supérieurs
aux Alliés, s'ils les avoient attaqués hors
de leurs retranchemens.

De l'Italie, le Duc d'Orléans fut
envoyé en Espagne. Quelque diligence
qu'il eût faite, il n'arriva que le 26 Avril
1707, le lendemain de la bataille d'Al-
manza ; bataille célèbre qui commença à
changer la face des affaires, & qui fut ga-
gnée, comme on sait, par le Maréchal de

Berwick, Anglois, fur l'armée des Alliés, commandée par un François réfugié. Les fuites de cette victoire, dont PHILIPPE regretta de n'avoir pu partager l'honneur, furent auffi rapides que l'avoient été les revers. Dès le 2 Mai, le DUC D'ORLÉANS entra dans Requena. Valence & Saragoffe ne tardèrent pas non plus à lui ouvrir leurs portes.

Vers la fin de Septembre, PHILIPPE étoit en Catalogne, occupé au fiége de Lérida ; Lérida, l'écueil du grand Condé ! La Ville fut prife après onze jours de tranchée ouverte, & le château fe rendit auffi au bout d'un mois ; fuite heureufe des ordres que PHILIPPE avoit donnés de tirer fur toutes les perfonnes qui fortiroient de ce fort, où il favoit que le Commandant avoit laiffé entrer une foule de gens inutiles.

Le DUC D'ORLÉANS fit dans cette occafion un acte d'autorité que les Militaires ont loué, & qui produifit l'effet qu'on en devoit attendre. Les ennemis, contre la foi des traités, retenoient un Brigadier Efpagnol prifonnier à Alcoy, & les Généraux

raux

Santacrux, Réflex. pol. & mil. T. 8, p. 201.

Ib. T. 1, p. 159.

raux des deux Couronnes l'avoient récla-
mé en vain à plusieurs reprises. PHILIPPE
conquit, pour ainsi dire, la liberté de ce
brave homme. Au moment où la garnison
de Lérida sortoit du château, en vertu de
la capitulation, il fit arrêter un Officier
Major de cette garnison, nommé Wille,
& fit dire au Prince de Darmstadt qui la
commandoit, que cet Officier demeure-
roit prisonnier jusqu'à ce qu'on eût rendu
Don Joseph de Chaves ; c'étoit le nom du
Brigadier Espagnol. Le Prince de Hesse
donna sa parole que Don Joseph seroit in-
cessamment en liberté, & les traités furent
dans la suite exactement accomplis ; tant
il est vrai que la crainte de la représaille
est souvent le plus sûr garant de la bonne
foi.

En 1708, PHILIPPE moissonna de nouveaux lauriers, malgré les intrigues de la
Princesse des Ursins, qui cherchoit à tra-
verser toutes ses opérations, quoiqu'elle
fût elle-même du parti de Philippe V. Le
DUC D'ORLÉANS fit transporter sur l'Ebre
le plus de munitions qu'il fut possible ; &
après avoir conduit l'armée des deux Cou-

ronnes par un défilé très-long & très-diffi-
cile *, que le Comte de Staremberg n'a-
voit pas eu le temps de reconnoître, il
parut le 12 Juin devant Tortose, qui
demanda à capituler le 11 Juillet, avant
que ce Général Allemand pût la secourir.
Le Marquis de Santacrux, qui servoit
dans l'armée du DUC D'ORLÉANS, cite
avec éloge dans ses Ouvrages, & le sup-
plice d'un espion que ce Prince fit pendre
à la vue de Tortose, & les fascines de
goudron allumées qu'il fit attacher aux
bombes, pour brûler les magasins que les
ennemis avoient dans cette Ville. La prise
de Tortose réduisit toutes les anciennes
conquêtes de l'Archiduc à la seule ville de
Barcelone.

Tandis que le DUC D'ORLÉANS assuroit
ainsi le Trône de Philippe V, on sema le
bruit que ce Monarque vouloit en des-
cendre. Au défaut des enfans du Dauphin,
la Couronne d'Espagne appartenoit au
DUC D'ORLÉANS, comme petit-fils d'Anne
d'Autriche, fille aînée de Philippe III ;
& ses droits, négligés par le testament de
Charles II, avoient été maintenus par une

* Le Pas
de Asse.

Réflex. po-
lit. & milit.
T. 9, p. 188.

Ib. T. 3,
p. 224.

proteſtation de Monſieur, que Philippe V lui-même avoit confirmée en 1703, par une Déclaration donnée à Madrid. Le Duc d'Orléans conçut, à ce qu'il paroît, le deſſein de les faire valoir, dans le cas où le Roi d'Eſpagne abdiqueroit réellement. Quoique ce projet ne fût qu'une idée informe, on le préſenta à Louis XIV comme une conſpiration contre ſon petit-fils. Philippe fut rappellé en 1708; deux François arrêtés en Eſpagne, ſous prétexte qu'ils étoient ſes agens, furent détenus ſix ans dans une priſon; le père de Philippe V parla même de faire le procès au Duc. Mais Louis XIV fut aſſez grand pour paroître ignorer un ſimple deſir; il ne crut pas ſans doute que ce fût un crime d'avoir voulu diſputer à l'Archiduc un ſceptre que Philippe V ne devoit dépoſer qu'entre les mains du Duc de Berri ſon frère, ou du Duc d'Orléans. Rien ne prouve mieux les droits de ces deux Princes ſur l'Eſpagne, que la renonciation qu'on exigea d'eux dans les Conférences pour la paix d'Utrecht. Cette renonciation ſolemnelle fut faite au mois de Novembre 1712 , & fut enregiſtrée au Parlement. Par un acte ſemblable , reçu aux *Cortès* , ou Etats Généraux d'Eſpagne , le Roi Catholique abandonna ſes prétentions ſur la Couronne de France.

La calomnie pourſuivit encore le Duc d'Orléans. Une épidémie cruelle * avoit emporté en peu de jours le Dauphin , ſa femme & ſon fils aîné. Dans l'excès de la douleur , on forma des ſoupçons atroces ſur la cauſe de ces morts précipitées. Philippe s'appliquoit à la Chymie , il faiſoit des expériences ; ce fut aux yeux du Peuple une preuve de poiſon. Homberg & le Duc d'Orléans demandèrent à être mis en priſon pour ſe juſtifier : l'accuſation tomba ; elle n'a été répétée depuis que par ces Ecrivains qui ne ſavent intéreſſer qu'en ſuppoſant des forfaits.

Après la mort de Louis XIV , le Parlement aſſemblé avec les Pairs & les Grands Officiers de la Couronne , déféra au Duc d'Orléans la Régence du Royaume. Elle lui appartenoit par ſa naiſſance : mais Louis XIV l'avoit limitée par ſon teſtament ; il avoit mis le jeune Roi ſous

* C'étoit une rougeole maligne ; plus de trois cents perſonnes en moururent à Paris en deux jours.

la tutele d'un Conseil, dont le Duc d'Orléans étoit le Chef. Les inconvéniens du
partage de l'autorité suprême firent an-
nuller cette disposition. Le Régent dé-
clara néanmoins qu'il ne prendroit aucun
parti dans les affaires de l'Etat, qu'avec
la délibération d'un Conseil de Régence
formé à son choix, & qu'il céderoit à la
pluralité des voix : mais il se réserva la
libre distribution de toutes les graces. Ce
fut dans cette occasion qu'il prononça
cette parole, qui a mérité d'être conser-
vée sur les registres du Parlement : *Je ne
veux être indépendant que pour faire le bien,
& je consens à être lié tant qu'on voudra pour
faire le mal.*

Outre le Conseil de Régence promis
avec tant de solemnité à la Nation, le
Régent établit, en 1716, six Conseils où
toutes les branches de l'Administration
étoient distribuées. Le premier, con-
sacré aux affaires ecclésiastiques, &
dont tous les membres étoient tirés du
Clergé, excepté le Procureur Général
du Parlement, portoit le nom de Conseil
de Conscience. Les autres avoient pour

objet les Affaires Etrangères, la Guerre, la Marine, la Finance & le dedans du Royaume. Ce plan d'Adminiftration étoit attribué au feu Duc de Bourgogne. On s'en plaignit ; les uns, parce qu'on le croyóit du Régent ; d'autres, parce qu'il y avoit quelques inconvéniens dans cette multiplicité de Conſeils ; preſque tous, parce que l'idée étoit nouvelle. L'Abbé de S. Pierre entreprit de la juſtifier par ſa *Polyſynodie :* mais cet Ecrit, loin de per-ſuader les Cenſeurs, ne ſervit qu'à le faire exclure des Aſſemblées de l'Académie Françoiſe. Au bout de deux ans, les nou-yeaux Conſeils furent réduits à deux, qui portoient chacun le titre de *Conſeil de Régence*, & qui embraſſoient tous les objets des autres. On rendit les Départe-mens aux Secrétaires d'Etat, qui, dans le premier plan, étoient de ſimples Con-ſeillers.

Malgré ces changemens dans l'Admi-niſtration, la Régence ne fut point ora-geuſe, comme on pouvoit le craindre d'après les exemples des précédentes mi-norités. « Vous conſerverez à jamais dans,

» vos Annales, difoit M. d'Aguefféau au
» Parlement, la mémoire de ce jour glo-
» rieux au Sénat, précieux à la France,
» heureux même pour toute l'Europe, où
» un Prince, que fa naiffance avoit defti-
» né à être l'appui de la jeuneffe du Roi,
» & le génie tutélaire du Royaume, vint
» recevoir, par vos fuffrages, la ratifica-
» tion du choix de la Nature. Vaincre les
» ennemis de l'Etat par la force des ar-
» mes, ç'a été le premier effai de fon cou-
» rage; s'attacher tout l'Etat par les char-
» mes de fon Gouvernement, c'eft le
» chef-d'œuvre de fa fageffe ». Cet éloge
n'étoit pas une fimple flatterie oratoire:
les feize premiers mois de la Régence
offrirent en effet l'image du Gouvernement le plus heureux. Le Régent écrivit
aux Intendans : « Vous tiendrez la main
» à ce que les Collecteurs, procédant par
» voie d'exécution contre les Taillables,
» n'enlevent point leurs chevaux & bœufs
» fervant au labourage, ni les uftenfiles
» & outils avec lefquels les Artifans ga-
» gnent leur vie ». La folde qui man-
quoit depuis long-temps fut payée avec

Œuvres de
d'Agueffeau,
T. I, mer-
cur. XIX.

B 4

exactitude, & PHILIPPE aliéna ses propres
fonds pour acquitter cette dette sacrée.
On proportionna le nombre des Troupes au besoin de la Patrie ; le droit de
remontrances fut rendu au Parlement ;
on supprima même quelques impôts, enfin
l'opulence des Traitans fut soumise à
l'examen d'une Chambre de Justice ; opé-
ration qui fit plus de plaisir au Peuple que
de bien réel.

L'Eglise seule sembla se refuser à la
paix. A peine le RÉGENT fut-il à la tête
des affaires, que l'Assemblée du Clergé le
pria d'exécuter les intentions du feu Roi ;
c'étoit, à ce qu'on croit, de faire déposer
le Cardinal de Noailles & quelques autres
Prélats peu favorables à la Constitution
de Clément XI. Le RÉGENT répondit,
avec une adresse qui fut bien remarquée,
qu'*on le trouveroit toujours disposé à défendre
les intérêts de l'Eglise Gallicane, & à conserver les Evêques dans la dignité de leurs places.*
Le jour même de la mort de Louis XIV,
il avoit fait appeller à la Cour le Cardinal
de Noailles. Lorsque ce Prélat y parut,
il s'éleva un murmure qui pénétra jusqu'au

cabinet du PRINCE : on lui en apprit la cause : *C'est moi qui le fais venir*, répondit-il ; & s'avançant bientôt au-devant du Cardinal, il l'embrassa devant tout le monde, & s'entretint avec lui pendant plus d'une heure. Depuis, il chercha toujours à garder dans cette affaire une parfaite neutralité ; & quand il eut exilé le P. Tellier, ce Chef trop fameux d'une cabale qu'on appelloit des Normands, parce que les PP. Doucin, l'Allemand & Daniel, ses trois associés, étoient comme lui de la Province de Normandie, le RÉGENT donna la place de Confesseur du Roi au judicieux Abbé de Fleury, parce qu'il n'étoit ni Janséniste, ni Moliniste, ni Ultramontain.

PHILIPPE craignoit de décider par la force, des contestations que la raison seule auroit dû terminer : mais il sut résister à la Cour de Rome, quand Clément XI osa refuser des Bulles à plusieurs Evêques de France, quoiqu'on eût rempli dans leur nomination toutes les conditions exigées par le Concordat. Ce refus commença en 1716, & duroit encore en 1718. Le

V. l'Avis aux Pr. Catholiq. 1768, in-12, 2 vol.

RÉGENT le fit cesser, en nommant, pour
ce seul objet, des Commissaires du Conseil, qui demandèrent l'avis des plus habiles Canonistes. On alloit rétablir l'ancien usage, lorsqu'un Courier de Rome
annonça l'expédition des Bulles.

A la mort de Louis XIV la France
n'avoit plus d'ennemis, mais elle n'avoit
point d'Alliés. La politique du RÉGENT
fut donc principalement de maintenir la
paix, & de faire aimer une Puissance que
Louis XIV avoit plutôt cherché à rendre
redoutable. Pour flatter le Corps Helvé-
tique, que Louvois & Barbésieux avoient
mécontenté, PHILIPPE donna, en 1716,
au Colonel des Gardes Suisses, une place
dans le nouveau Conseil de la Guerre;
& ce Colonel eut le département des
Troupes Suisses sous ses ordres. La même
année, on conclut à Paris un Traité pour
la liberté du Commerce entre la France
& les Villes Anséatiques, Hambourg, Lu-
beck & Brême. L'exemption du droit d'au-
baine, obtenue dès-lors par ces trois Villes, valut au RÉGENT une longue Epître
latine du savant Fabricius de Hambourg,

qui, dans le tranſport de la reconnoiſſance, imagina de dédier ſa belle Edition
de *Sextus Empiricus* au Bienfaiteur de ſa
Patrie. Mais ce que le RÉGENT eut le
plus à cœur, ce fut de s'allier avec George Ier, Roi d'Angleterre.

Une choſe aſſez remarquable, c'eſt que
George & le RÉGENT deſcendoient tous
deux par leurs mères, de l'Electeur Palatin Frédéric V, ſi connu par ſes malheurs,
& qui perdit ſes propres Etats pour avoir
été couronné Roi de Boheme : George
étoit le petit-fils de ce Prince ; & le
RÉGENT, ſon arrière-petit-fils. Si cette
parenté n'étoit pas un motif ſuffiſant pour
les porter à une alliance, ils pouvoient y
être engagés par une autre conſidération
perſonnelle. Leurs intérêts étoient les mêmes à certains égards ; & le RÉGENT avoit
à maintenir les droits de ſa naiſſance à la
Couronne, qui lui étoient aſſurés par les
renonciations, comme le Roi George
avoit les ſiens au Trône d'Angleterre, qui
avoient été reconnus par le Traité d'U-
trecht. Auſſi PHILIPPE n'héſita-t-il pas à lui
envoyer l'Abbé Dubois en qualité d'Am-

baſſadeur, avec les inſtructions néceſſaires
póur raſſurer le Roi d'Angleterre contre
la crainte d'aucune démarche de la France
en faveur du Prétendant.

Le premier fruit de ces négociations fut
une triple alliance défenſive entre la France, la Grande-Bretagne & les Provinces-
Unies ; alliance conclue à La Haye en
1717, & qui aſſura la tranquillité de l'Europe, dont le midi alloit être ravagé par
une nouvelle guerre. Les hoſtilités recom-
mencèrent en effet entre l'Empereur & le
Roi d'Eſpagne qui vouloit recouvrer les
Provinces démembrées de ſa Monarchie
par la Paix d'Utrecht. C'eſt ce qui donna
lieu à un autre Traité, conclu à Londres
le 2 Août 1718, entre l'Empereur, la
France & l'Angleterre ; Traité fameux
qu'on a nommé *la quadruple Alliance*, parce
que les Hollandois devoient y accéder. Ces
Républicains aimèrent mieux ſe réſerver
pour la médiation, & ils furent remplacés
par le Duc de Savoie, qui ſigna le 2 Novembre ces arrangemens pris à Londres pour la
tranquillité commune. Par ce Traité, on
étoit convenu que pour ſatisfaire la Cour

de Madrid, l'Infant Don Carlos feroit nommé fucceffeur éventuel aux Duchés de Parme & de Plaifance, & au Grand-Duché de Tofcane; mais l'Efpagne, loin d'accepter ces conditions, méditoit alors un embrafement-général.

Dès la même année on découvrit en France une confpiration formée pour enlever le Régent, & faire donner par les Etats de la Nation la Régence du Royaume à Philippe V. Le Prince de Cellamare, fon Ambaffadeur en France, avoit été chargé de conduire l'intrigue; & ce fut une Courtifanne qui la démêla, en furprenant les papiers du Secrétaire qu'elle avoit endormi. On vit les plus grands noms parmi ceux des complices. Le Duc d'Orléans fut tenté d'abdiquer un pouvoir qu'on ne lui pardonnoit pas d'avoir mérité; mais rappellant bientôt la fermeté de fon ame, il fit enfermer le Duc du Maine, exila le Cardinal de Polignac, & fit peu après exécuter à Nantes quatre Gentilshommes, Chefs des rebelles en Bretagne. On ufa de clémence envers tous les autres. Cellamare fut renvoyé en

Espagne, après qu'on eut scellé de son cachet & de celui de S. A. R. les papiers de l'Ambassade, pour empêcher qu'ils ne fussent détournés. Il sortit de France, accompagné d'un Gentilhomme ordinaire de la Maison du Roi, & la conspiration fut terminée sans qu'on eût violé le droit des gens.

C'étoit le Cardinal Albéroni qui avoit formé ce complot. Enfant de la fortune comme le Cardinal Dubois, il avoit un génie plus vaste & une ambition encore plus hardie. Le fils d'un Jardinier, autrefois Curé de village près de Parme, & presque le protégé du Poëte Campistron, vouloit, en 1718, être à la fois Ministre de deux grands Royaumes; & non content d'exciter en France une guerre civile, il aspiroit encore à changer la constitution de l'Angleterre. Si ses projets eussent réussi, une partie de l'Italie seroit rentrée sous la domination de l'Espagne; Philippe V auroit gouverné le Royaume de France, & la Maison de Stuart seroit remontée sur le Trône de la Grande Bretagne. Déja, par les intrigues du Baron de

Goertz, dont Albéroni s'étoit fait un ami, Charles XII & Pierre le Grand se reconcilioient pour seconder le Ministre d'Espagne. Le Régent renversa tout, en donnant au Roi d'Angleterre avis de ces menées, & en déclarant la guerre à Philippe V.

Il étoit à craindre que les nouveaux convertis du Dauphiné, du Poitou & du Languedoc, ne se laissassent entraîner à quelque soulévement par les émissaires d'Albéroni. Philippe prévint ces troubles en s'adressant à Basnage, Ministre des Réformés en Hollande. Quoique réfugié en pays étranger, Basnage aimoit sa Patrie : le Régent ne le crut point indigne de la servir. Il le fit prier en 1719, par le Comte de Morville, alors Ambassadeur en Hollande, d'écrire à ceux dont on vouloit séduire la fidélité, & de les affermir dans l'obéissance qu'ils devoient au Roi. Basnage leur adressa une Instruction Pastorale, qui fut réimprimée à Paris par ordre de la Cour : elle eut tout l'effet qu'on s'étoit promis, & les Provinces suspectes demeurèrent fidelles.

En déclarant la guerre à l'Espagne, le RÉGENT avoit eu soin de publier qu'il n'en vouloit qu'au premier Miniftre. Philippe V se laffa enfin de combattre sans fuccès pour les idées ambitieufes d'un particulier. Il accéda en 1720 à la quadruple Alliance, & renvoya Albéroni. Cette difgrace fut peut-être un malheur pour l'Efpagne, que le génie de cet homme étonnant commençoit à tirer de la léthargie; mais c'étoit l'unique moyen de rétablir dans l'Europe une paix folide. Albéroni rentré dans l'Italie, & n'ayant plus de Royaumes à bouleverfer, occupa dans la fuite fon loifir à tenter de foumettre au Pape la petite République de Saint-Marin.

Tandis que le Duc D'ORLÉANS terminoit avec tant de gloire les démêlés qui s'étoient élevés entre la France & l'Efpagne, il cherchoit à réparer les finances du Royaume, par ce fameux fyftême qui pouvoit faire de fi grands biens, & qui produifit tant de maux. Ce fyftême dut fon origine aux dettes immenfes où Louis XIV s'étoit engagé pour affermir

fon

(33)

ſon petit-fils ſur le Trône d'Eſpagne. L'Etat
devoit dix-huit cents millions quand le Roi
mourut. Dès la première année de la Régence, PHILIPPE établit un *viſa*, c'eſt-
à-dire, un examen de ces dettes, relati-
vement à leur origine & aux perſonnes
qui portoient les titres de créance. Comme on ſavoit que le Roi n'en avoit pas
entièrement touché le fonds, on fit une
réduction dont peu de perſonnes eurent
ſujet de ſe plaindre. Les anciens papiers
furent convertis en un autre, qu'on appella *Billets de l'Etat*. Le Roi ſe trouva libéré
de plus de trois cents millions.

On commençoit à ſe plaindre des abus
de la Chambre de Juſtice, lorſqu'un Ecoſſois fugitif, nommé J. Law, calculateur
intrépide qu'on avoit connu comme
joueur chez la Duclos, célèbre Actrice,
demanda le privilége d'une banque générale. Il étoit revenu à Paris après la mort
de Louis XIV, avec dix-neuf cents mille
livres d'argent comptant, acquiſes en
grande partie au pharaon: & n'ayant pu
d'abord faire adopter ſon projet de Finances par le Gouvernement, à cauſe de

l'oppofition de M. d'Aguefſeau ; il fe borna à obtenir de PHILIPPE la permiſſion d'établir ſa banque en ſon propre nom. Le fonds fut de ſix millions, diſtribués en douze cents actions de mille écus chacune. Ces actions furent payées en billets de l'Etat ; ce qui ranima la circulation, & ſembla juſtifier la pompeuſe deviſe du ſceau de cette banque. Il repréſentoit une femme tenant la corne d'abondance , & l'on y liſoit ces mots : *Rétabliſſement du crédit*. Bientôt on joignit à la banque une Compagnie du Miſſiſſipi , qu'on appella auſſi la Compagnie d'Occident , & qui devoit faire pendant vingt-cinq ans, le commerce excluſif de la Louiſiane , avec la traite des Caſtors du Canada. Au mois de Décembre 1717, le fonds en fut fixé à cent millions, répartis en deux cents mille actions , dont chacune auroit vingt livres ou quatre pour cent de dividende fixe, indépendamment de la répartition des fruits du commerce. Cette Compagnie prit faveur ; Law, devenu plus hardi, fit exiler M. d'Aguefſeau ; le prix des monnoies fut

augmenté d'un tiers, & la banque du Calculateur Ecoſſois fut enfin déclarée Banque Royale à la fin de 1718, Déclaration que le Parlement refuſa en vain d'en-
régiſtrer. La Compagnie d'Occident s'ac-
crut encore par l'union du privilége de
celle des Indes Orientales, fondée par
Colbert, & tombée depuis en décadence.
Enfin elle ſe chargea des Fermes générales
du Royaume.

Les actions qui, dans l'inſtant où elles
furent créées, n'avoient coûté que 500 liv.,
furent au mois de Septembre 1719, ven-
dues juſqu'à 8000 liv.: chacun s'empreſſa
de négocier; les Gens de Lettres même s'en
mêlèrent, &, comme l'a dit un de nos
Poëtes, témoin de cette frénéſie : *Le ſacré
vallon fut la place du change.* C'étoit dans
la rue Quinquempoix qu'étoit le ſiége
des papiers : on fut obligé d'y mettre des
gardes.

Mais l'ivreſſe publique fit preſque tout-
à-coup place à la défiance. A force de
créer des actions, on avoit réduit en papiers toute la fortune des Citoyens; les
plus ſages, ou, pour mieux dire, les plus

Volt. *Epître*
à Boileau.

heureux , réalisèrent cette monnoie fic-
tive ; d'autres l'effayèrent en vain : il fut
défendu d'avoir chez foi plus de 500 liv.
d'argent comptant ; difpofition femblable
à une loi de Céfar , qui avoit auffi défendu
aux Romains de garder chez eux plus de
foixante fefterces : mais les circonftances
n'étoient pas les mêmes ; une loi utile à
Rome fut très-funefte en France , où l'on
ne propofoit pour de l'argent que des
effets qui n'avoient plus de valeur. Le
RÉGENT eut beau foutenir la banque par
des Arrêts , & par les Ecrits de l'Abbé
Terraffon ; l'inftant de la chûte étoit arri-
vé , & Law qu'il avoit nommé en 1720
Contrôleur général , fut bientôt obligé de
s'enfuir à Venife , où il n'apporta que de
nouveaux plans de fortune , & un dia-
mant qu'il engageoit pour jouer aux jeux
de hafard.

Les billets de la Banque royale furent
fupprimés au mois d'Octobre 1720 , &
l'on vit qu'il en avoit été fabriqué pour
deux milliarts fix cents quatre-vingt-
feize millions quatre cents mille livres.
On dit qu'il y eut des billets contrefaits

chez l'Etranger, & que ce qui décria le plus le papier, ce furent des numéros doubles qu'on trouva fur la place (1).

Au milieu des troubles & de l'agitation du fyftême, le RÉGENT s'étoit occupé de l'éducation de la jeuneffe. Il établit en 1719 l'Inftruction gratuite à Paris : jufqu'alors il n'y avoit eu que le Collège Mazarin & celui des Jéfuites, où les Etudians ne fuffent pas obligés de payer leurs

---

(1) Le fondement du fyftême de Law étoit la maxime affez généralement reçue, qu'un crédit bien ménagé monte au décuple du fonds, & qu'à l'aide de ce crédit, on gagne autant que fi l'on avoit dix fois ce fonds. Si ce principe fait profpérer tant de Banquiers & de Négocians, que fera-ce, difoit Law, fi la banque eft adminiftrée au nom du Souverain ? Tous ceux qui examinèrent ce fyftême, par ordre du RÉGENT, furent féduits comme lui par fes apparences. Dans des Mémoires anglois fur la Corfe, publiés à Londres en 1768 par le fils du Roi Théodore, on prétend que le brillant projet de Law auroit eu plus de fuccès s'il eût fuivi dans l'exécution les confeils que lui avoit donné ce fameux Baron de Neuhoff, qui mourut lui-même infolvable à Londres. Au refte, le commerce chimérique des actions étoit alors une efpèce de contagion générale. Les actions de la Compagnie des Indes Occidentales en Hollande montèrent en 1720 jufqu'à fix cents cinquante pour cent.

Maîtres. Le projet de l'Inſtitution gratuite, formé par le Cardinal de Richelieu, étoit digne d'être exécuté par PHI-
LIPPE. Dès 1716, ſur les repréſentations
de l'Univerſité, il avoit réuni les droits
qu'elle avoit ſur les Poſtes qu'elle a in-
ventées, à ceux des Meſſageries Royales,
& lui avoit aſſigné ſur le prix des baux
une ſomme de ſoixante mille livres par
an ; mais cet arrangement n'étoit que
proviſionnel. Charles Coffin, Recteur
en 1719, & homme d'eſprit, profita de
la cérémonie du cierge que l'Univerſité
préſente chaque année, pour rappeller
au PRINCE l'eſpèce d'engagement qu'il
avoit formé avec elle. Un mot ſuffiſoit
au RÉGENT, dès qu'il s'agiſſoit de l'inté-
rêt des Lettres. Au mois d'Avril ſuivant,
le Recteur reçut des Lettres-Patentes qui
établiſſoient l'Inſtruction gratuite, & aſſu-
roient aux Profeſſeurs le vingt-huitième
effectif du prix du bail général des Poſtes
& Meſſageries. Quand l'Univerſité alla
remercier l'Auteur de ce bienfait, PHI-
LIPPE dit hautement : *Ce n'eſt point une
grace que j'ai accordée, c'eſt une juſtice que*

j'ai rendue; votre application à servir le pu-
blic, me tient lieu de remerciement. C'étoit
le célèbre Rollin qui avoit été chargé
d'exprimer la reconnoiffance de l'Univerfité, dans un Difcours folemnel; le remerciement du Recteur alors en place,
fut traduit en Anglois, & dépofé dans les
archives de l'Univerfité d'Oxford, comme
un monument auffi glorieux pour les Lettres que pour leur Bienfaiteur.

D'autres foins auffi utiles, mais plus
preffans, l'occupèrent en 1720. Un vaif-
feau venu du Levant avec des mar-
chandifes emballées en temps de pefte,
avoit apporté dans Marfeille ce fléau
terrible. Le mal d'abord méconnu, fit
d'autant plus de ravages, que les Médecins de ce temps-là n'ayant jamais vu
de pefte, & croyant à peine ce qu'ils en
avoient lu dans les Anciens, s'imaginoient
la plupart que cette maladie n'exiftoit plus.
Leur méprife fut cruelle. Des mourans
étendus fur des matelas dans les rues de
Marfeille, toutes les maifons fermées,
& quelques Forçats qui conduifoient
des charrots pour enlever les cadavres:

tel étoit le spectacle offert dans cette malheureuse Ville, où presque personne n'osoit plus apporter de provisions. Le RÉGENT, instruit de ce désastre, fit passer aussi-tôt à Marseille des vivres & de l'argent ; il y envoya aussi des Médecins habiles, qui sans avoir d'abord plus de connoissances pratiques que les premiers sur cette affreuse maladie, avoient du moins une théorie plus sûre, & s'instruisirent bientôt par les progrès du mal. Il recommanda surtout que l'on établît autour de la Ville des lignes bien gardées, pour empêcher toute communication au-dehors ; précaution sage qu'on ne devoit qu'à PHILIPPE, & qui, selon M. Astruc, bon juge en cette matière, « préserva de la peste non-seulement le reste de la Provence, mais peutêtre même tout le Royaume ». Dans le même temps, Andry, Professeur en Médecine au Collège Royal, fut chargé par PHILIPPE de dicter, dans ses leçons, un Traité sur ce fléau, pour répandre plus sûrement les moyens d'en arrêter les progrès.

La Régence du DUC D'ORLÉANS finit

Astruc, Hist. de la Faculté de Montpellier.

en 1722, à la majorité du Roi. Il venoit de faire donner le titre de premier & principal Miniſtre au Cardinal Dubois, déja nommé en 1720 Archevêque de Cambrai, & deux ans avant, Miniſtre des Affaires Etrangères. Le jour où le Cardinal entra au Conſeil de Régence, les Ducs & les Maréchaux de France ne s'y trouvèrent point. Peu auparavant, deux Membres du Conſeil avoient été députés au RÉGENT, pour lui demander qu'il déclarât que la préſéance des Cardinaux Dubois & de Rohan ne tireroit point à conſéquence; ils ajoutoient que Louis XIII l'avoit fait lorſque le Cardinal de la Rochefoucault entra au Conſeil. *Volontiers, dit le* RÉGENT; *je vous donnerai un pareil brevet, mais à condition que je le déchirerai le lendemain.* C'étoit ce qu'avoit fait Louis XIII, & ce que les Députés n'avoient pas remarqué.

Le Cardinal mourut au mois d'Août 1723; le DUC D'ORLÉANS lui ſuccéda dans la place de premier Miniſtre. Le peu de temps que ſon miniſtère dura fut conſacré à l'humanité. Chirac, ſon premier

Médecin, qui l'avoit guéri au siége de Turin, où il se trouva sur le point de perdre le bras, lui avoit donné un projet qui, en multipliant les observations & les épreuves sur chaque maladie, auroit établi une pratique plus uniforme dans l'art de guérir. Vingt-quatre Médecins, choisis sur-tout dans la Faculté de Paris, devoient composer une Académie, dont les Correspondans auroient été les Médecins des Hôpitaux du Royaume, & même des Pays étrangers. Les Lettres-Patentes pour cet établissement étoient déja scellées lorsque le RÉGENT mourut; & ce projet, qu'on abandonna presque aussi-tôt, a été la première origine de l'Académie de Chirurgie, que la Peyronie fit établir dans la suite sur les ruines de celle que les Médecins avoient refusée.

La mort du RÉGENT fut imprévue & ne surprit personne. Depuis long-temps on s'appercevoit du dépérissement de sa santé; mais il négligeoit pour lui seul les avis de la Médecine. Enfin le 2 Décembre 1723, après avoir travaillé, il rentra chez lui entre six & sept heures du soir, & fut tout-à-coup frappé d'une apoplexie violente, qui l'emporta au milieu d'une converfation ; on eut à peine le temps de lui ouvrir la veine. Son père étoit mort de la même maladie.

Le RÉGENT n'avoit pas cinquante ans quand il mourut. Son corps, porté de Verfailles à S. Cloud, y refta expofé pendant douze jours ; il fut inhumé à S. Denis, & l'on porta fon cœur dans l'Abbaye du Val-de-Grace.

PHILIPPE, n'étant encore que Duc de Chartres, avoit époufé le 18 Février 1692, Mademoifelle de Blois, légitimée de France, fille de Louis XIV & de la Marquife de Montefpan. Le Roi lui donna alors la qualité de petit-fils de France, avec le titre d'Alteffe Royale, & des Gardes. C'étoit l'Abbé Dubois qui avoit fait réuffir ce mariage, que Madame défapprouvoit. Il eut l'Abbaye de S. Juft pour récompenfe. On rapporte que Louis XIV lui ayant demandé ce qu'il vouloit pour ce fervice, il ofa nommer la Pourpre Romaine ; & que le Roi reculà, en difant : *Je ne m'y attendois pas.*

De ce mariage font nés huit enfans, dont un feul Prince ; il naquit en 1703, & fut nommé Louis d'Orléans. Il eft mort en 1752 dans l'Abbaye de Sainte Genevieve de Paris, où il a vécu dans la plus grande piété. C'eft ce Prince qui a fondé en Sorbonne une Chaire pour l'Hébreu. L'aînée des Princeffes filles du RÉGENT, eft morte en 1694, fans avoir été nommée. La feconde, Marie-Louife-Elifabeth d'Orléans, appellée Mademoifelle, époufa en 1710 le Duc de Berri, & mourut en 1719, à l'âge de vingt-quatre ans. Louife-Adélaïde d'Orléans, troifième fille du RÉGENT, fut Abbeffe de Chelles, & mourut en 1743, dans la maifon de Trefnel, où elle vivoit en fimple Religieufe. Des quatre autres filles de PHILIPPE, l'une fut mariée au Duc de Modène ; l'autre devint Reine d'Efpagne ; une autre fut accordée à l'Infant Dom Carlos ; & la dernière époufa, en 1732, Louis-François de Bourbon, Prince de Conti.

Le Régent eu auffi quelques enfans naturels. Le feul qui ait été légitimé eft Jean - Philippe, Chevalier d'Orléans, mort en 1748 Grand Prieur de France. Il étoit né en 1702 de Marie-Magdeleine-Victoire le Bel de Serry, fille d'honneur de la Ducheffe mère du Régent, & depuis Comteffe d'Argenton. Cette Dame avoit beaucoup d'efprit. Ce fut elle qui, ayant dit un jour quelque chofe de très-fin, qu'on ne fentit pas, s'écria : *Ah ! Fontenelle, où es-tu ?* Le Chevalier d'Orléans avoit hérité des talens agréables de fon père, & de fon goût pour la Chymie.

Quelle idée doit-on fe faire des anciens monumens de l'Hiftoire, puifque, dans le fiècle même de PHILIPPE, on voit ce Prince préfenté tour-à-tour fous les couleurs les plus oppofées ? Madame de Caylus, époufe d'un Menin de Monfeigneur, & en cette qualité prévenue contre le RÉGENT, en a laiffé dans fes *Souvenirs* un portrait où l'on reconnoît les impreffions de la calomnie. Prefque dans le même temps, un Citoyen, qui ne s'eft

point nommé, fit un panégyrique de Philippe, qu'il termina par une suite de médailles sur quelques-unes des plus grandes actions de ce Prince (1). Ce qui est
certain, c'est que de tous les descendans
de Henri IV, le Régent fut celui qui
réunit le plus la valeur, la gaieté & la
franchise de ce grand Roi. Il avoit comme
lui un esprit facile, capable de grandes
vues. Madame de Caylus elle-même lui
accorde *une conception aisée, une grande pé-
nétration, beaucoup de discernement, de mémoire & d'éloquence;* mais ce qu'elle devoit
ajouter, & ce qu'il est important de remarquer, c'est que Philippe savoit assez
pour sentir le besoin de s'instruire.

En 1722, songeant à rétablir la Compagnie des Indes, qui renaissoit des débris
du système, il eut soin de s'attacher Me-
lon, Auteur de l'*Essai politique sur le Commerce,* moins pour se décharger sur lui du
poids de l'Administration, que pour en

____

(1) *Apologie de la louange, son utilité & ses justes
bornes, avec des médailles sur quelques actions de Monseigneur le Duc d'Orléans,* Régent *de France.* Paris,
Josse, 1717, *in-12.*

difcuter les objets avec un Citoyen éclai-
ré. Il voulut auffi fe régler par les avis de
Duguay-Trouin, l'un des plus grands
Hommes de Mer que la France ait eus, &
lui accorda une place dans le Confeil des
Indes qu'il venoit de former. Quand Duguay-Trouin demanda à fe retirer, il n'y
confentit que fous la condition que cet
Homme célèbre viendroit une fois par fe-
maine lui dire librement ce qu'il penfoit
fur le Commerce.

Si l'on peut reprocher au RÉGENT
l'élévation du Cardinal Dubois, il eut
auffi la gloire de connoître & de placer
les deux Hommes qui ont peut-être fait
le plus d'honneur à notre fiècle, d'Agueffeau & le Comte de Saxe. Après la mort
du Chancelier Voifin, arrivée en 1717,
PHILIPPE, adreffant la parole à quelques
Seigneurs, exigea qu'on lui dît qui feroit
Chancelier. « Celui que votre Alteffe
» Royale voudra, dit le Comte de Belle-
» Ifle ; mais tout Paris nomme M. d'Aguef-
» feau ». Sur le champ le vœu de la Nation fut exaucé : on peut dire qu'il avoit
été prévenu. Dès le commencement de la

Régence, le Duc d'Orléans avoit consulté ce Magistrat sur les affaires du Gouvernement.

Ce fut en 1720 que le Comte de Saxe vint à Paris pour la première fois. Philippe le jugea en homme d'Etat, & lui proposa, dès ce moment, de se fixer en France. Maurice ayant répondu qu'il ne pouvoit y rester sans la permission du Roi son père : *Demandez-la*, dit Philippe ; *mais montrez-lui un brevet de Maréchal de Camp, que je fais expédier en votre nom.*

Le Régent, né avec un tempérament de feu, avoit pour les femmes une passion extrême. Sur ce point comme sur mille autres, on l'a blâmé avec amertume. Il falloit remarquer que jamais ses Maîtresses ne le gouvernèrent. L'une d'elles voulut profiter d'un de ces momens où le Prince ne sembloit plus qu'un amant soumis : elle osa le sonder sur une affaire importante ; le Prince à l'instant la prend par la main, & la conduit devant une glace : *Vois-tu*, lui dit-il, *cette tête charmante ? elle est faite pour les caresses de l'Amour, & non pour les secrets de l'Etat.*

Une

Une autre Maîtresse lui avoit été enlevée par un Gentilhomme; c'étoit, à ce qu'on croit, par le fameux Comte de Caylus, qui en effet étoit reçu chez Madame de * * * *. Le PRINCE étoit piqué, & ses favoris l'excitoient à la vengeance. Punissez, lui disoit-on, un téméraire : la vengeance, vous est si facile. *Je le sais, répondit-il, un mot me suffit pour me défaire d'un rival, & c'est ce qui m'empêche de le prononcer.*

Le RÉGENT disoit quelquefois : *Quiconque est sans honneur & sans humeur est un Courtisan parfait.* Le trait suivant peut servir de commentaire à cette définition. Il avoit exilé M. d'Aguesseau, mais sans lui ôter son estime, ni son amitié. Un jour il dit, en présence d'une partie de la Cour, qu'il vouloit avoir l'avis de M. le Chancelier sur une affaire importante : tout le monde garda le silence; M. d'Ormesson seul, beau-frère du Magistrat disgracié, prit la parole, & offrit de se charger de la commission du RÉGENT, parce qu'il partoit pour Fresnes, en sortant du Con-

D

feil. Les Courtifans fe regardoient : PHI-
LIPPE s'apperçut de leur étonnement; &
après avoir dit à M. d'Ormeſſon qu'il lui
donneroit ſes dépêches, il ajouta, en ſe
retournant vers les autres : *Meſſieurs,
j'aime mieux cette noble franchiſe que votre
fauſſe prudence & que votre diſſimu-
lation.*

On a conſervé de lui quelques autres
traits qui achèvent de peindre ſon ame.
Le Chevalier de Menilles, qui avoit été
impliqué dans la conſpiration de Cellamare, fut mis en priſon; mais tout ſon crime étoit de n'avoir point trahi ceux qui
lui avoient donné leur confiance. Un Marquis de Menilles, d'une autre famille, alla
trouver le DUC D'ORLÉANS, pour l'aſſu-
rer qu'il n'étoit ni parent ni ami du Chevalier. *Tant pis pour vous*, répondit le
RÉGENT, *le Chevalier de Menilles eſt un
fort galant homme.*

Dans la même conſpiration étoit engagé
le Comte de Laval : il fut enfermé à la Baſ-
tille ; mais il imagina un expédient pour
n'être pas étranger à tout ce qui ſe paſſoit

hors de sa prison. Il feignit d'avoir besoin,
deux fois par jour, d'un Apothicaire; c'é-
toit son confident. On le sut, & on parla au
Régent pour lui enlever cette ressource.
Le Prince répondit: *Puisqu'il ne lui reste
que ce plaisir, il faut au moins le lui
laisser.*

Il aimoit à pardonner; on voit dans
toute sa conduite que la haine n'avoit jamais eu d'empire sur lui: il oublia qu'il
eut des ennemis, lorsqu'il fut en état de
les punir. Madame des Ursins, qui l'avoit
persécuté en Espagne, revint librement
en France du temps de son administration. Il se contenta d'avoir mis le Cardinal Albéroni dans l'impossibilité de lui
nuire, & de déranger ses projets pacifi-
ques: il ne fut point du nombre de ses
persécuteurs. Quoique fort maltraité dans
les Manifestes du Roi d'Espagne, qui l'at-
taquoient dans ce qu'il avoit de plus
cher, son honneur & ses droits à la Couronne, il ne lui fit la guerre que pour le
déterminer à la paix; il se reconcilia sin-
cérement avec lui, & resserra par des Al-

liances, les nœuds d'une amitié plutôt suspendue que violée.

PHILIPPE étoit d'un caractère vif & enjoué. En sortant du Conseil, où il avoit donné quelques Bénéfices, il lui échappa ce bon mot, qu'on sait par cœur : *Les Jansénistes ne se plaindront plus de moi ; j'ai tout donné à la grace, rien au mérite.*

Voici un autre trait moins répandu & moins vraisemblable, mais qui prouve, s'il est vrai, que PHILIPPE connoissoit bien le cœur humain. Un homme & une femme de sa Cour s'aimoient éperdument : il forma le projet de les guérir de leur amour en deux fois vingt-quatre heures. Il les fit enfermer ensemble ; au bout de vingt-quatre heures les deux amans demandèrent qu'on les séparât. Cette épreuve, imaginée par le RÉGENT, a fait le sujet de la jolie Fable des *deux Moineaux*, par la Motte.

La réponse que le RÉGENT fit à Dufresny est encore une de ces saillies qu'on n'oubliera point. Ce Poëte, que Louis XIV ne se croyoit pas en état d'enrichir, se trouvoit fans reffources dans le temps où le fyftême avoit le plus d'éclat. Il imagina de préfenter ce placet au RÉGENT, dont il connoiffoit l'efprit : « Monfeigneur, il » importe à la gloire de Votre Alteffe » Royale, qu'il refte un homme affez pau- » vre pour retracer à la Nation l'idée de » la mifère dont vous l'avez tirée : je vous » fupplie de ne point changer mon état, » afin que je puiffe exercer cet emploi (1) ».

-----

(1) Il y a d'autres leçons de ce placet ; mais le fonds eft le même dans toutes. Une chofe affez fingulière , c'eft qu'on en retrouve l'idée dans un autre placet en vers que Pavillon avoit fait fous Louis XIV pour l'Abbé Tallemand, de l'Académie Françoife , & qui valut plus à cet Abbé que tous fes Panégyriques du Roi. Ce placet de Pavillon a trente-fix vers, & commence ainfi :

  Sire , notre Abbé vous fupplie
  De fouffrir qu'il foit toujours gueux , &c.

Et voici la dernière ftrophe :

  N'appréhendez pas qu'on s'irrite ,
  Si l'on le voit abandonné :
  C'eft le feul homme de mérite
  A qui vous n'avez rien donné.

Si Dufrefny ne compofoit pas par réminifcence , il faut avouer qu'il étoit fujet à rencontrer les idées d'autrui : on connoît fa querelle avec Regnard pour la Comédie du Joueur.

Le PRINCE mit *néant* au bas du placet ,
& Law eut ordre de compter deux cents
mille francs à Dufresny. Richelieu avoit
répondu de même , par un seul mot , à un
placet ingénieux de Maynard ; mais ce mot
n'étoit qu'un refus.

PHILIPPE étoit le protecteur des Lettres , sans être le tyran de ceux qui les
cultivent. Il avoit donné à Fontenelle un
logement au Palais Royal. En 1712, Rémond , qui étoit Introducteur des Ambas-
sadeurs auprès du Prince , & qu'on appelloit Rémond le Grec , parce qu'il savoit
bien cette langue , ayant desiré une place
à l'Académie Françoise , le Duc eut la
bonté de parler pour lui à Fontenelle.
Celui-ci représenta qu'il ne connoissoit du
protégé aucun ouvrage qui pût justifier le
choix de l'Académie : *Ni moi non plus* , dit
le PRINCE , *encore s'il avoit fait sa Chan-*
son : c'étoient des couplets ingénieux ,
mais fort malins , qu'on venoit de faire
contre Rémond. Le DUC D'ORLÉANS
n'insista plus , & n'ordonna rien ; mais
Rémond ayant des amis au Palais Royal ,

l'un d'eux dit au Duc qu'il étoit étrange qu'un homme logé par le Prince, ne se prêtât pas à son desir. *Bon*, dit PHILIPPE en riant, *un homme que je loge dans un galetas !* Fontenelle eut la liberté de donner sa voix. Il n'est pas inutile de remarquer que *Monsieur*, en recommandant aux Académiciens l'Abbé Testu de Mauroy, Aumônier de *Madame*, avoit dit aussi : *Est-ce qu'ils le recevront ?*

Une des plus belles qualités du RÉGENT, ce fut cette élévation d'ame qui met l'Homme d'Etat au-dessus de la haine. Chacun connoît, au moins de nom, les trop fameuses *Philippiques* de la Grange-Chancel. Sous un gouvernement sévère, l'Auteur de ce chef-d'œuvre d'horreurs & d'énergie, auroit été puni de mort. PHILIPPE se contenta de le faire enfermer aux Isles Sainte-Marguerite ; encore lui laissa-t-il dans cette prison, une liberté qui facilita son évasion. Mais avant de décerner aucune peine contre lui, il se l'étoit fait amener dans son cabinet, & lui avoit demandé s'il croyoit réellement tout le mal

qu'il avoit dit de lui. La Grange répondit, sans hésiter, qu'il le pensoit. *Tu as
bien fait de me répondre ainsi*, repliqua
le PRINCE ; *car si tu m'avois dit que tu
avois écrit contre ta conscience, je t'aurois
fait pendre.*

Cet outrage, fait au plus aimable des
Princes, venoit d'un Homme de Lettres ;
mais il paroît certain que c'étoit l'ouvrage
d'un ressentiment particulier. La Grange
a depuis avoué qu'il n'avoit fait ces Odes
affreuses, que parce que le RÉGENT ne
lui avoit pas fait gagner un procès qu'il
avoit eu contre le Duc de la Force.

Dans l'empire des Lettres, toutes les
autres voix se sont réunies pour célébrer
la bonté de ce Prince, comme elles avoient
loué ses talens. C'étoit lui que Boileau
désignoit en 1694, dans sa dixième Sa-
tyre, lorsqu'il disoit à Perrault, avec une
ironie amère, qu'on voyoit le siècle in-
fecté du goût que montroient pour l'anti-
quité,

Magistrats, Princes, Ducs, & même FILS DE FRANCE,
Qui lisent sans rougir & Virgile & Térence.

On a remarqué avec raison, comme
une preuve de son goût, l'ordre qu'il fit
donner en 1716 aux Comédiens François
de jouer *Athalie*. Racine, en publiant
cette pièce en 1691, avoit fait insérer
dans le privilége une défense de la repré-
senter sur un autre Théâtre que celui
de Saint - Cyr ; & l'Ouvrage le plus
parfait de la Scène Françoise, fut alors
regardé avec mépris. En vain Boileau
crioit : *Je m'y connois, Athalie est un chef-
d'œuvre* ; la prévention étoit si forte, que
dans un de ces cercles , où le génie même est jugé par la mode, on infligea à un
jeune Officier la peine de lire un acte
d'*Athalie*. Il étoit réservé au Régent de
changer encore à cet égard l'opinion
publique. En 1702 , il avoit rempli, devant Louis XIV , le rôle d'Abner dans
trois représentations qui avoient été don-
nées à la Cour. L'Ouvrage de Racine eut
sur le Théâtre de Paris un triomphe com-
plet, qui fut encore augmenté par les cir-
constances du temps , que le Régent
choisit pour cet essai. La France , qui

voyoit dans son Maître un enfant échap-
pé, comme Joas, des ruines d'une maison
nombreuse, ne put entendre sans émo-
tion :

Voilà donc votre Roi, votre unique espérance;
J'ai pris soin jusqu'ici de vous le conserver, &c.

Le RÉGENT sembloit né pour tous les
Arts. On prétend que la jolie Chanson,
Je suis né pour le Plaisir, est de ce PRINCE.
Quel est l'Amateur de Livres qui ne
connoît pas les figures dont il a orné, en
1718, l'Edition françoise du Roman
Grec de Daphnis & Chloé ? Ce sont ces
figures gravées par Audran, sur les des-
sins du PRINCE, qui font rechercher
cette édition devenue si chère, quoique
Coutellier l'ait reproduite en 1741 avec
une estampe de plus, que le PRINCE avoit
eu la discrétion de garder dans son porte-
feuille. C'est encore le RÉGENT, qui a
formé la superbe collection de Tableaux
du Palais Royal; cette collection si com-
plette pour l'Ecole Flamande. Lui même
manioit le pinceau avec grace : il compo-

ſoit de la muſique avec une égale facilité. Sauveur qui lui avoit montré les Mathématiques, le conſulta utilement ſur toutes les parties d'un ſyſtême acouſtique dont il étoit l'inventeur.

Mais ce que l'on ne peut trop remarquer dans un Artiſte de ſon rang, PHILIPPE n'exigeoit point d'éloges; il croyoit peu à ceux qu'on lui donnoit. Un jour il avoit fait repréſenter chez lui, devant une Société choiſie, un Opéra dont il avoit fait la muſique, & dont les paroles étoient du Marquis de la Fare, Capitaine de ſes Gardes. Campra, en ſortant, dit au PRINCE: *La muſique eſt bonne, mais les vers ne ſont pas du même prix.* Le RÉGENT appella auſſi-tôt le Marquis de la Fare: *Parles*, lui dit-il, *à Campra en particulier; il trouvera les vers bons & la muſique mauvaiſe. Sais-tu à quoi il faut s'en tenir? c'eſt que le tout ne vaut rien.*

Une ſeule choſe a manqué au RÉGENT, c'étoit de ſavoir s'arrêter; trop d'ardeur pour ces talens agréables l'a empêché d'être parfait dans le genre qui devoit être

le sien : la nouveauté eut auſſi trop de
charmes pour lui. Mais ces défauts doi-
vent-ils affoiblir notre reconnoiſſance ?
Louons un grand Prince des biens qu'ils
a faits ; ne lui imputons pas des maux
qu'il vouloit ne pas faire : & s'il eſt vrai
que la Nation Françoiſe reſpire dans ſes
Rois, quel ſervice plus grand PHILIPPE
pouvoit-il nous rendre, que d'affermir le
Trône d'un Monarque qui a fait long-
temps notre bonheur ?

F I N.

CATALOGUE

DE QUELQUES OUVRAGES

Qui se trouvent chez les mêmes Libraires.

Discours Académiques, par M. l'Abbé Millot, de l'Académie Françoise, vol. in-8°. rel.   3 liv.

Éloge de Nicolas Sahlgren, Commandeur de l'Ordre de Wah, & Directeur de la Compagnie des Indes, &c. par *M. l'Abbé Duval-Pyrau*, enrichi de notes, & orné de *gravures en taille-douce*, in-4°. br.   2 l. 8 s.

Les Nuits Clémentines, Poëme en quatre Chants, sur la Mort de Clément XIV, traduction libre de l'Italien, suivie du Poëme original, très-brt volume in-12, 1778, br.   2 l. 10 s.

Lettere originali del R. P. GANGANELLI, &c. 2 vol. in-12. br   5 l.

La Traduction de ces Lettres; 3 vol. grand in-12.

Les mêmes; quatrième édition, petit format.

Abrégé chronologique des grands Fiefs de la
 Couronne de France (Ouvrage fervant de
 fuite à l'Abrégé chronologique, *par M. le
 Préfident Hénault*), in-8°. rel.   5 l.
Abrégé de l'Hiftoire de Port-Royal, *par le
 grand Racine*, in-12. rel.   2 l. 5 f.
Le même, petit format,   2 l.
Œuvres choifies de Lamotte, petit in-12. rel.
          2 l.
Les Fables de Richer, petit in-8°. rel. 2 l. 10 f.
Le Fablier François, ou Choix des meilleures
 Fables depuis La Fontane, très-fort vo-
 lume in-12. rel.   3 l.
Grammaire Françoife, par M. Reftaut, on-
 zieme édition, revue exactement, corrigée
 & augmentée de la Vie de l'Auteur, très-fort
 vol. in-12. 1774, rel.   3 l.
L'Abrégé de cette Grammair, in-12. 1 l. 5 f.
Le Dictionnaire Domeftiqu, portatif, con-
 tenant toutes les connoifances relatives à
 l'économie domeftique, &c. nouv. édit. 3
 vol. in-8°. rel.   15 l.
Effai fur la Population de l'Amérique, vol.
 in-4°. rel.   15 l.
Economie Ruftique, ou Notions fimples &
 faciles fur la Botanique, la Médecine, la
 Pharmacie, la Cuifine & l'Office; fur la Ju-

rifprudence Rurale ; fur le Calcul, la Géo‑
métrie pratique, l'Arpentage, la Conftruc‑
tion & le Toifé des Bâtimens, &c. le tout
en un fort vol. in-12. fig. rel.　　3 l.
Inftituts de Chymie, par M. de Machy, Pro‑
feffeur Royal de Pharmacie de l'Académie
de Berlin, &c. 2 vol. in-12. br.　　4 l.